AF143007

Nicole Durand

ARPÈGES

SYMPHONIE DE LA NATURE

LES HIRONDELLES

Les hirondelles ont bâti leur nid

Dans la maison

On entend leur gazouillis

Pendant toute la saison

Elles nourrissent leurs petits

À foison :

Ils ouvrent grand leur bec ébahi

Et ne sont pas dans l'abandon

Ce spectacle est joli

Et grâce à elles le moral est bon

La maison est remplie

De jolis sons.

LA BERGE, L'ÉTÉ

Les lapins

De bon matin

Coquins

Gambadent vers la rivière

En montrant leur derrière

Leur allure est fière.

Les hérons cendrés,

En majesté

Trônent dans l'herbe perlée de rosée

Ils sont éblouissants

L'un gris, l'autre blanc

Et offrent un tableau charmant.

LE BAISER MEURTRIER

L'imposant figuier

A embrassé le mirabellier

Ce baiser s'est avéré mortel :

Il n'y a presque plus de mirabelles

De son tronc meurtri

Des branches de figuier ont jailli

L'arbre courageux a résisté

Malgré l'étreinte prolongée :

Il produit encor

Quelques fruits d'or

Mais les confitures

Vont s'amenuisant sous la morsure.

LE FOSSÉ PARE

Les toiles d'araignée

Ont paré le fossé

De leur voile de mariée

Il est transformé

Sous ses premiers

Et doux baisers.

La nature s'est déployée

Dans ce matin d'été

Le passant émerveillé

Contemple ce tableau renouvelé :

C'est comme un rêve éveillé

Qui embellit la journée.

LE CORMORAN

Le cormoran nageait près de moi

Et soudain, il plongea :

C'était à la plage du Port-Vieux

J'en avais plein les yeux

Il disparut longtemps

Et réapparut finalement.

Il se faisait câlin

Près des humains

Il était à la fête

Dressant sa petite tête.

J'avais trouvé un ami

Dans l'océan infini.

PROMENADE VERS L'AIRE D'AGOS

Il fait chaud

La colonie

Se rafraîchit

Les pieds dans l'eau

La guinguette ce midi

Comble notre appétit

Les gens font du bateau

Sur la Neste au haut débit

Ils se régalent à l'envie

Le temps est au beau

La joie surgit

À l'infini.

L'EAU DE LA NESTE

Je contemple le torrent merveilleux

Sa beauté m'émerveille

Il s'écoule sous mes yeux

Et mon âme s'éveille.

Il me revient ce chant mélodieux

Qui me met en éveil :

« Ton nom est victorieux

Ta puissance est sans pareille

Ton nom est victorieux

O Jésus, sur Benoît, veille. »

Ce vœu n'est pas pieux

Il témoigne de la foi qui paye.

UN DIMANCHE MATIN

Les petits oiseaux

Dans l'albizzia

Chantaient un concerto

Avec maestria.

Ces passereaux

Affûtaient des gloria

Ils se réunissaient en troupeaux

Avec volontariat

Et rendaient l'arbre plus beau

Des fruits, ils faisaient la razzia

Dans ce jour nouveau

De la fenêtre, je leur lançais des alléluias.

LE VENT

Dans la tempête Barbara

Le vent a gémi

Le souvenir d'autrefois

A resurgi :

Sous l'Autan, la maison, là-bas

Avait frémi.

Elle disait tout bas

Sa plainte infinie.

Maman n'est plus là

A surgi la nostalgie.

Seul, le vent, de sa voix

Forte, habite la maison jolie.

PREMIER JOUR D'AUTOMNE

Premier jour de l'automne

Les oiseaux dans le pré

Picorent l'herbe bonne

Les uns contre les autres serrés.

La joie, ils se donnent

Sous l'arbre rassemblés.

Leur plumage jaune

Éclate sous la pluie de fin d'été

Ils composent un tableau que j'affectionne

Toujours renouvelé.

Doux et légers, ils frissonnent

Soudain, un bruit les fait s'envoler.

UN JOUR DE PLUIE

Les hirondelles volaient bas

Sur l'eau boueuse

Elles s'en donnaient à cœur joie

S'entrecroisant heureuses

Elles s'élançaient au loin là-bas

Virevoltaient, joyeuses

Elles ne se lassaient pas

Annonçant la pluie précieuse

Elles célébraient l'automne déjà là

Fines silhouettes gracieuses.

De beauté et de joie

Elles étaient porteuses.

SUR LE CHEMIN

Sur le chemin

Tapissé de feuilles

Je marche avec entrain

J'accueille

Ces parfums enfantins

Avec bonheur, je recueille

Ces couleurs d'airain

Ce coup d'œil

Me ravit un brin

Avec joie, je cueille

Ce beau matin

Que la lumière veuille

Nous éclairer enfin !

BROUILLARD D'AUTOMNE

Aux premières heures

Le brouillard s'éveille

Il n'a pas peur

De troubler notre sommeil

Il danse avec bonheur

Sur la terre qui se réveille

Il nous enveloppe avec langueur

Et nous émerveille

Il nous prend par le cœur

Avec sa douceur qui veille.

Mais nous regagnons les hauteurs

Pour atteindre le soleil.

LE PRINTEMPS EN HIVER

Au cœur de janvier

A fleuri le rosier

Il s'est déployé

La pluie de l'arrière-saison

Avait arrosé comme un don

Généreux et bon

Le sol desséché

Brûlé

Par l'été.

Le ruisseau avait bondi

Comme un torrent plein de vie :

La terre n'est pas endormie.

JOUR DE NEIGE

La neige nous rend heureux

Les flocons dansent

Le paysage devient cotonneux

Rempli de silence

Me reviennent des souvenirs nombreux

De mon enfance

Groupés autour du feu

Nous humions l'abondance

Du pot-au-feu.

Dans le paysage immense

Nos bonshommes de neige étaient valeureux

Pleins et intenses.

VOIX D'HOMMES ET DE FEMMES

ANNIVERSAIRE DE MARIAGE

Le cinq novembre mille neuf cent quatre-vingt-trois

Nous nous sommes unis

Il faisait beau ce jour-là

La montagne nous a éblouis

Nous avons pris la bonne voie

La voie chérie

Que la Bible nous inspira.

Le temps s'est écoulé depuis

Il semble que c'était hier déjà

Nos filles sont bénies

La vie a été une porte ouverte sur l'au-delà

Il nous accueillera notre Ami.

SITORA

Au Tadjikistan

Sitora

Par son frère musulman

Découvrant sa foi

A été battue brutalement

Il l'a frappée plusieurs fois

Mais elle s'est positionnée fermement

N'abandonnant pas ce à quoi elle croit

Elle n'a pu dorénavant

Fréquenter son église, ce n'est pas son choix

Mais avec sa grand-mère simplement

Elle lit la Bible avec joie.

LE MOULIN DE TROYES

Bordé de palmiers

Il a des airs de Méditerranée

Avec ses verts lauriers

Face aux Pyrénées.

Comme un crayon de cahier

Il dessine le passé

Précieux allié.

Gardien du pré

Il a un port altier

Il n'est pas suranné

Chantal et Alain accueillent volontiers

Les gens qui viennent le contempler.

LYDIA

Au Myanmar, Lydia a créé

De petites entreprises

Et grâce à ses talents multipliés

Elle s'est mise

Aussi à proposer

À des femmes qui rivalisent

D'ingéniosité

Des formations qu'elles utilisent

Pour faire connaître leur piété.

Elles agissent à leur guise

Rendant un témoignage élaboré

De leur foi sur laquelle elles ont la main mise.

MON DOCTEUR
ET LE CORONAVIRUS

Au temps du coronavirus, mon Docteur

A revêtu son habit de professeur

Il n'a pas peur

Il a mis le masque, le tablier blanc

De pied ferme, il attend

Ce virus déroutant

La guerre est déclarée

Il veut triompher

De ce mal souvent caché.

La lutte n'est pas finie

Elle s'intensifie

Mais l'espoir a lui.

MARY

Mary Mohammadi

En Iran

Défend dans son pays

Courageusement

Les droits des chrétiens bannis

De la société brutalement

Haïs

Par le gouvernement

Leur liberté est abolie

Les considérant

Comme des ennemis

Et les emprisonnant.

AU BALCON DES PYRÉNÉES

La petite maison de bois

Face aux Pyrénées

Respire la joie.

Posée dans le pré

Elle se révèle un toit

Chaleureux et protégé

Elle a ôté un poids

À Sylvie régénérée

Elle exalte sa foi

Lui offrant un décor enchanté.

Le Seigneur avait guidé ce choix

Veillant sur son enfant bien-aimé.

CHEN

Chen, un ancien animiste

Du grand Roi est sur la piste

Dans le nord-ouest du Vietnam

Il sauve son âme

Il a été un des premiers chrétiens

De son village et veut faire le bien

Pendant qu'il tenait une étude biblique

Enseignant des pages magnifiques

Les villageois ont mis le feu

À sa maison, ce n'était pas un jeu

Et il a tout perdu

Mais il a gagné son salut.

JULIA

Elle venait de La Sauvetat

Située à trente kilomètres, en mobylette

Nous porter de la confiture et du chocolat

Nous étions à la fête

Nous l'acclamions avec des vivats

Nous criions à tue-tête

Nous nous jetions dans ses bras

Notre joie était parfaite

Car nous étions privés de ces choses-là

Le seau de confiture, couleur doré et noisette

Revêtait une grande aura

Nous rendant plus chère, de Julia, la frêle silhouette.

ALPHONSE

Il me taquinait toujours

M'appelant « j'en ai marre »

Il me disait bonjour

Dans un joyeux tintamarre

Dès le point du jour

Il se montrait bavard

Et cachait son amour

En mimant la bagarre.

Je lui pris la main sans détour

Lorsqu'il fut sur le départ

Et la Paix recouvrit son parcours

Ce n'était pas trop tard.

FATUMA ET AMINA

Fatuma et Amina

En Éthiopie

Ont trouvé la foi

En Jésus grâce à leur mère chérie

Le père musulman, furieux de ce choix

Les a bannies.

Mais elles ont suivi la voix

De leur maître, leur appui :

Il les a menées vers la voie

De leur grand-mère bénie.

Fatuma et Amina

Ont pu garder la joie.

FERNANDE

Sa jambe lui fait mal

Mais elle garde le moral

Elle ne se plaint pas

N'abandonne pas

À quatre-vingt-dix ans

Elle va toujours de l'avant.

Ses livres sont ses compagnons :

Elle lit avec passion.

Elle a un mot gentil

Pour chacun, le fortifie.

Elle me parle de la cuisine d'autrefois

Avec laquelle elle régalait sa famille chaque fois.

EMMA

Dans son fauteuil roulant

Elle ne désarme pas

Elle a beaucoup d'allant

N'arrête pas.

Elle parle en mots élégants

De sa vie là-bas

De sa vie d'antan

Qu'elle ne regrette pas.

Elle réunit les gens

Dans le salon en bas

Après le goûter succulent

Qu'elle savoure chaque fois.

ROSE

Son mari a été assassiné

Par des extrémistes islamiques

Mais Rose n'a pas abandonné

C'est magnifique

Elle a pu être restaurée

Cette partie de l'Afrique

Est malmenée

Et anarchique.

Très ancrée

Dans sa foi authentique

Avec ses filles elle a pu être sauvée

Grâce à des aides bénéfiques.

PROMESSE

On veille sur toi

Mon tout-petit

Accroche-toi

À la vie.

Tu n'es pas encore là

Mais déjà tu vis

Tu résisteras

Aux projets de non-vie

Nous avons la foi

Que du Paradis

Des anges t'entourent de leurs bras

Et te protègent à l'infini.

CHANTS DIVINS

« DOUCE NUIT »

Je joue « douce nuit »

Mon piano s'alanguit

Cette nuit est sans nulle autre pareille

L'étoile s'éveille

Les rois mages, elle va guider

Vers les contrées de Judée.

Les bergers, dans les champs,

Célèbrent le petit enfant

En ce jour de Noël

Est enfanté l'enfant éternel.

Dans ce monde ignorant de l'Amour

Qu'il règne pour toujours !

« GRÂCE INFINIE »

Ce chant a jailli

« Grâce infinie »

J'étais perdue

Sans issue

Il m'a trouvée

Et m'a sauvée

J'allais, errant

Et je m'en vais chantant

Le dur labeur

A quitté mon cœur.

Par la grâce de Dieu

S'ouvrent les cieux.

« LA SYMPHONIE
DU NOUVEAU MONDE »

« Qui de nous trouvera

Un monde meilleur ?

Qui de nous entendra

La voix du Seigneur ? »

Dans ce monde d'ici-bas

Tremblements et malheurs

Nous environnent parfois

À tout instant, à toute heure

Nous baissons les bras

Devant la peur.

Mais un souffle nouveau nous remplira

Pour nous amener au bonheur.

« JÉSUS, QUE MA JOIE DEMEURE »

« Jésus, que ma joie demeure

À ton nom à tout jamais

Il guérit toutes les blessures

Et ma force vient de sa grandeur.

Dans l'espoir puis la lumière

Il éclaire mon cœur et mon âme

Jour et nuit il m'accompagne

Oh Jésus, oh doux Seigneur »

PSAUME 92

« Il est beau de louer le Seigneur

Il est beau de chanter

En l'honneur de ton nom !

D'annoncer au matin ta bonté

Et pendant les nuits ta fidélité

Tu me réjouis par tes œuvres, o Éternel

Et je chante avec allégresse

L'ouvrage de tes mains

Que tes œuvres sont grandes, o Éternel

Que tes pensées sont profondes

Il est beau de louer le Seigneur

Il est beau de chanter en l'honneur de ton nom »

« IL EST TOUT POUR MOI »

« La nature parle d'un créateur

Et le vent murmure sa grandeur

Mais si on me parle d'un Sauveur

Qu'est-ce donc pour moi ?

Puis un jour, je le vis face à face

Je goûtai la douceur de sa grâce.

Alors je compris qu'il n'était pas un être superficiel

Un Dieu loin dans le ciel

Maintenant il vit tout près de moi

Chaque jour, à chaque heure, il est là

Qui sur le chemin guide mes pas

Il est tout pour moi »

« TU FRAYES UN CHEMIN »

« Tu es là, présent parmi nous

Je t'adore, je t'adore

Tu es là, agissant parmi nous

Je t'adore, je t'adore

Tu frayes un chemin

Opère des miracles

Tu tiens tes promesses

Lumière dans les ténèbres

Mon Dieu, c'est ce que tu es

Tu es là,

Tu restaures les cœurs brisés

Tu es là, transformant nos vies. »

« LUMIÈRE DU MONDE »

« Lumière du monde

Venue dans l'obscurité

Tu m'ouvres les yeux

Et je vois tant de beauté

Que mon cœur ému t'adore

Je sais que ma vie est en Toi

Et me voici pour louer

Me voici à tes pieds

Me voici pour dire

Tu es mon Dieu

Car tout en toi est beauté

Tout en Toi est grandeur

Tout en Toi est merveilleux pour moi. »

ARPÈGES

ARPÈGES

Je joue au piano

De petits morceaux

J'égrène les arpèges

Dans une atmosphère de neige

La musique éveille mon âme,

Entretient la flamme.

Tous les jours

Je fais ce parcours

Qui m'ouvre une fenètre

Vers un mieux-être

Le temps s'arrête

Je suis à la fête.

Musique et poésie s'interpénètrent

Pour assurer un mieux-être

Puis les mots se font absence

Et la musique présence

Éditeur :

Books on Demand GmbH,
12/14 rond-point des Champs Élysées,
75008 Paris, France

Impression :

Books on Demand GmbH, Norderstedt, Allemagne

N° ISBN : 9782322198030

Dépôt légal : février 2021

www.bod.fr

Avec le soutien de Dialoguer en poésie,
département autonome de l'association Le 122

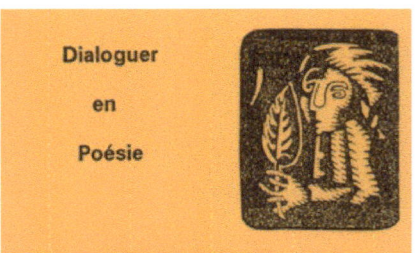